La inmigración en Estados Unidos hoy

Antonio Sacre, M.A.

Asesores de contenido

Brian Allman, M.A.
Maestro, Virginia Occidental

Cheryl Norman Lane, M.A.Ed.
Maestra, California

Asesoras de iCivics

Emma Humphries, Ph.D.
Directora general de educación

Taylor Davis, M.T.
Directora de currículo y contenido

Natacha Scott, MAT
Directora de relaciones con los educadores

Créditos de publicación

Rachelle Cracchiolo, M.S.Ed., *Editora comercial*
Emily R. Smith, M.A.Ed., *Vicepresidenta superior de desarrollo de contenido*
Véronique Bos, *Vicepresidenta de desarrollo creativo*
Dona Herweck Rice, *Gerenta general de contenido*
Caroline Gasca, M.S.Ed., *Gerenta general de contenido*
Fabiola Sepulveda, *Diseñadora de la serie*

Créditos de imágenes: pág.11 Shutterstock/Luciano Mortula - LGM; pág.12 iStock/Sean Pavone; pág.13 iStock/AndyParker72; pág.15 Alamy/Jerome Cid; pág.16 Hans Dahl (1849-1937); pág.19 inferior Library of Congress [LC-DIG-ds-14198]; pág.20 Shutterstock/Jazzmany; pág.21 superior Library of Congress [LC-USZ62-60242]; pág.22 Shutterstock/David A Litman; pág.26 Alamy/Jeffrey Isaac Greenberg 5+; todas las demás imágenes cortesía de iStock y/o Shutterstock

Library of Congress Cataloging in Publication Control Number: 2024051673

Se prohíbe la reproducción y la distribución de este libro por cualquier medio sin autorización escrita de la editorial.

5482 Argosy Avenue
Huntington Beach, CA 92649
www.tcmpub.com
ISBN 979-8-3309-0201-9
© 2025 Teacher Created Materials, Inc.

El nombre "iCivics" y el logo de iCivics
son marcas registradas de iCivics, Inc.

Tabla de contenido

De mudanza 4

Salta a la ficción:
   La migración de las monarcas 6

¿Por qué venir a Estados Unidos? 10

Historia de la inmigración 14

Políticas cambiantes 18

Por el bien de todos 28

Glosario 30

Índice 31

Civismo en acción 32

De mudanza

Supongamos que vives en una ciudad de Estados Unidos. Si a tu madre le ofrecieran el trabajo de sus sueños en otra ciudad del país y a tu familia le pareciera buena idea, ¿podrían mudarse para que ella empezara a trabajar allí? Por supuesto que sí.

O supongamos que tu familia se cansó de los fríos inviernos del Noreste o del calor desértico del Suroeste. ¿Podrían mudarse a otra parte del país? Claro que sí.

¿Qué tal si tu familia siempre hubiera querido vivir en otro país, como Francia, Australia o Sudáfrica? ¿Podrían mudarse allí? En la mayoría de los casos, sí, pero sería más complicado. Los integrantes de tu familia necesitarían **pasaportes** y **visas**. Tal vez haya limitaciones para lo que pueden hacer, cuánto tiempo pueden quedarse y si pueden trabajar o no, entre otras cosas.

¿Y si hubieras nacido en otro país y tu familia quisiera vivir y trabajar en Estados Unidos? ¿Podrían hacerlo? Por lo general, sí, pero sería aún más complicado.

Los motivos por los que las personas deciden **inmigrar** y cómo lo hacen es un tema complejo. Una buena manera de comprenderlo es estudiar la historia de la inmigración y qué implica la inmigración en la actualidad.

La migración de las monarcas

Enrique estaba parado en la base del bateador del campo de béisbol, mirando fijo a la maestra. La maestra DeHart estaba parada en el medio del montículo del lanzador. Hizo rebotar la pequeña pelota roja y gritó:

—¿Estás listo?

—Enrique, haz lo mismo que en la cancha de fútbol. Cuando te llegue la pelota, ¡reviéntala con esa increíble fuerza que tienes! Haz de cuenta que el arco está muy, muy, muuuy lejos —gritó a su vez su amiga Silvana.

Enrique sonrió, asintió con la cabeza y puso su atención en la maestra.

—¡Estoy listo para hacer un gol!

Silvana rio y dijo:

—Se llama jonrón, Enrique, no gol. Nada más concéntrate.

—¡Estoy listo para hacer un jonrón! —respondió Enrique dando saltitos.

La maestra DeHart dobló las rodillas y llevó la pelota hacia atrás, pero se detuvo de repente para mirar el cielo y exclamó, maravillada:

—¡Ya llegaron!

Los niños que estaban en el campo de béisbol levantaron la vista. Desde todos lados, llegaban nubes de hermosas mariposas monarca. Las mariposas se dispersaron y se posaron en los árboles del parque, al otro lado de la escuela.

Los niños, entusiasmados, empezaron a perseguir a las mariposas, pero Silvana se quedó inmóvil, esperando a que alguna monarca se posara sobre sus brazos extendidos. Pronto, se le posaron decenas de mariposas de alas coloridas y vibrantes.

Enrique se acercó con cuidado a Silvana y sonrió.

—No suelen posarse así sobre las personas.

—Sí, soy una especie de encantadora de mariposas —susurró ella—. Vienen de un lugar cercano a donde yo vivía en México y vuelan miles de millas hasta llegar aquí, a Kansas.

—¿Por qué habrán migrado tan lejos? —se preguntó Enrique en voz alta.

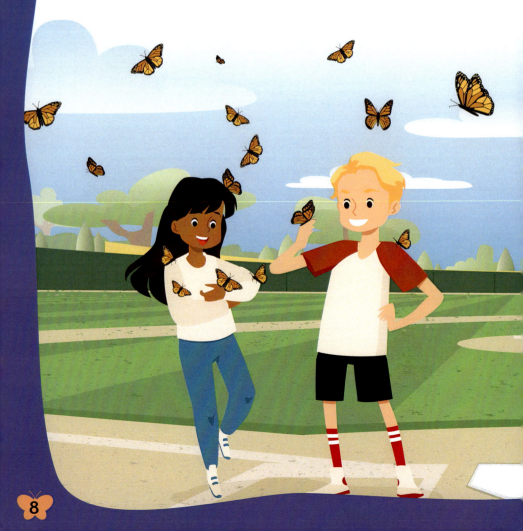

Silvana sabía la respuesta:

—El alimento que necesitan las monarcas recién nacidas no crece en México en esta época del año, así que viajan hasta aquí para pasar el verano. Pero el invierno aquí es muy frío para ellas, así que entonces volverán a México. Van y vienen haciendo lo que necesitan para sobrevivir.

—¿Cómo sabes tanto sobre las monarcas? —preguntó Enrique.

—Mis padres son científicos de la Reserva de la Biosfera Mariposa Monarca de México, y vinimos aquí para que pudieran estudiarlas —le contó ella.

—¡Qué bueno que hayan inmigrado aquí, igual que las mariposas! ¿Extrañas tu casa? —le preguntó Enrique.

—Extraño a mis abuelos y a mis amigos, pero por suerte te conocí a ti —dijo Silvana con una sonrisa.

En ese instante, la maestra DeHart gritó:

—¡A jugar! —Y todos volvieron al partido.

Vuelve al texto de no ficción

¿Por qué venir a Estados Unidos?

¿Por qué razones vienen las personas a Estados Unidos? La gran mayoría de quienes vienen todos los años son **turistas** que quieren visitar uno de los países más increíbles del mundo. Para muchos, Estados Unidos está entre los diez destinos de viaje más populares. A los turistas les encantan los paisajes. Visitan el Gran Cañón de Arizona. Admiran los glaciares de Alaska. Visitan las playas de Florida.

Estados Unidos es uno de los países con más diversidad del mundo. Hay mucho para ver y hacer.

Muchas personas vienen a Estados Unidos para trabajar o para estudiar. Una gran cantidad viaja por negocios. Hay importantes centros de **comercio** y entretenimiento en todo el país. Algunas personas trabajan en empresas de internet en California. Otras trabajan en bancos de la ciudad de Nueva York. Pueden trabajar en hospitales de Ohio así como en granjas de Iowa. Pueden trabajar en restaurantes y hoteles de cualquier parte. Muchas de las mejores universidades están en Estados Unidos, y vienen estudiantes de todo el mundo a estudiar aquí.

Piensa y habla

¿Qué dificultades puede tener una persona al mudarse a otro país?

El lugar más visitado del mundo es...

Times Square, en la ciudad de Nueva York, es el lugar más visitado de Estados Unidos y del mundo. ¡Lo visitan más de 40 millones de turistas al año! Los turistas miran las carteleras electrónicas, comen en restaurantes famosos o disfrutan de espectáculos de Broadway.

Familias

A lo largo de la historia, las personas se han agrupado en familias y comunidades. Es parte del instinto humano y la manera más común de vivir. Cuando los integrantes de una familia viven lejos, es normal que otros familiares quieran vivir cerca de ellos. Reunir a la familia es una de las razones más importantes por las que las personas inmigran a Estados Unidos. Se mudan al país porque sus familiares ya viven aquí. Quieren mantener unida a la familia.

También es muy común que los **inmigrantes** se muden a comunidades donde viven personas de su país. Así, pueden vivir en un lugar donde algunas cosas les resultan conocidas, como la comida de los restaurantes y mercados, la música que escuchan y el idioma. Por eso, los lugares como la Pequeña Italia, la Pequeña Habana o el Barrio Chino son comunes en las ciudades más grandes de Estados Unidos. Es normal que alguien quiera estar cerca de lo que conoce y le gusta.

También hay muchas otras razones para inmigrar, como problemas en el país de origen y oportunidades de trabajo. Pero estar con la familia es la razón más común.

La comunidad más antigua

San Agustín, en Florida, es el asentamiento europeo más antiguo de Estados Unidos. Lo fundaron inmigrantes españoles hace unos 450 años.

el Barrio Chino de la ciudad de Nueva York

Historia de la inmigración

La inmigración no es algo nuevo. Las personas se trasladan de un lugar a otro desde hace mucho tiempo. Aquí te contamos parte de esa historia. Conocerla te ayudará a entender cómo es la inmigración hoy en día.

Los primeros migrantes humanos

Los primeros seres humanos se trasladaban para buscar comida o para huir de los cambios climáticos. Los enormes glaciares de la última edad de hielo bajaron el nivel del mar y dejaron grandes terrenos al descubierto. Eso permitió que los seres humanos pudieran buscar lugares mejores donde vivir.

Los primeros seres humanos formaron comunidades que, al crecer, se expandieron a otras áreas. Muchas veces, en esos lugares ya vivían otros grupos. A veces, los grupos se juntaban y formaban comunidades más grandes. Se influenciaban unos a otros. Otras veces, los grupos entraban en guerra. Muchos huían de esas zonas en guerra y se iban a lugares más seguros.

Esta pintura representa la visión de un artista acerca de las primeras migraciones.

el Barrio Chino de la ciudad de Nueva York

Historia de la inmigración

La inmigración no es algo nuevo. Las personas se trasladan de un lugar a otro desde hace mucho tiempo. Aquí te contamos parte de esa historia. Conocerla te ayudará a entender cómo es la inmigración hoy en día.

Los primeros migrantes humanos

Los primeros seres humanos se trasladaban para buscar comida o para huir de los cambios climáticos. Los enormes glaciares de la última edad de hielo bajaron el nivel del mar y dejaron grandes terrenos al descubierto. Eso permitió que los seres humanos pudieran buscar lugares mejores donde vivir.

Los primeros seres humanos formaron comunidades que, al crecer, se expandieron a otras áreas. Muchas veces, en esos lugares ya vivían otros grupos. A veces, los grupos se juntaban y formaban comunidades más grandes. Se influenciaban unos a otros. Otras veces, los grupos entraban en guerra. Muchos huían de esas zonas en guerra y se iban a lugares más seguros.

Esta pintura representa la visión de un artista acerca de las primeras migraciones.

Por desgracia, a lo largo de la historia hay muchos ejemplos de comunidades y países que ocuparon un nuevo lugar y causaron mucho daño a quienes ya vivían allí. Eso se llama **persecución**. Sigue habiendo ejemplos en la actualidad. La persecución puede tomar distintas formas. A algunas personas no se les permite practicar su religión. A algunas no se les permite estudiar. A otras se las obliga a vivir en condiciones espantosas. Millones de personas han sido asesinadas. Muchos intentan combatir la persecución. A menudo emigran a lugares más seguros con la esperanza de poder volver algún día a su país de origen.

Las personas que huyen de su país por los conflictos que hay allí se conocen como *refugiados*.

Un país diverso

La Organización de las Naciones Unidas dice que el país del mundo con más personas nacidas en países **extranjeros** es Estados Unidos. Tiene cinco veces más personas nacidas en otros países que el siguiente país de la lista. La Oficina del Censo informa que aquí se hablan más de 350 idiomas.

Olas de inmigración

En América del Norte, viven personas desde hace miles de años. Los indígenas norteamericanos habitaban todo el territorio. En el siglo XVI, empezaron a llegar personas de otros continentes. Desde entonces, los historiadores han identificado al menos cuatro olas de inmigración importantes en América del Norte.

La primera ola fue la de los colonos ingleses. Muchos de ellos deseaban practicar su religión como querían. España, Portugal y Francia **colonizaron** otras partes del continente en la misma época. Los colonos ingleses se independizaron y formaron Estados Unidos. Muchos africanos fueron esclavizados y trasladados por la fuerza a Estados Unidos. A la mayoría de los indígenas los mataron o los obligaron a vivir en **reservas**. Muchos aún viven en esas tierras.

El primer europeo en América del Norte

Se suele pensar que el primer europeo que llegó al continente americano fue Cristóbal Colón. Sin embargo, hay pruebas de que el gran explorador escandinavo Leif Erikkson comandó el primer viaje a América del Norte casi 500 años antes. Un equipo de expertos encontró objetos de origen vikingo en Canadá. Los artículos datan del año 1000, aproximadamente.

Más de 12 millones de inmigrantes pasaron por este edificio de la isla de Ellis, que abrió sus puertas en 1892.

La segunda ola ocurrió en el siglo XIX. Llegaron inmigrantes de Alemania y de otras partes de Europa. Muchos de ellos trabajaron en la construcción de las grandes ciudades que existen hoy. También trajeron sus conocimientos agrícolas a las Grandes Llanuras del Medio Oeste.

La tercera ola se produjo a fines del siglo XIX y principios del XX. Muchas personas de Asia se mudaron a Estados Unidos. Hicieron gran parte del trabajo necesario para la construcción de los ferrocarriles, entre otros aportes.

La cuarta ola comenzó en la década de 1970. Se trató de una ola de personas de habla hispana provenientes de toda América. Las oportunidades de trabajo y la posibilidad de reunirse con la familia son las principales razones que explican esta ola.

Políticas cambiantes

Los colonos lucharon para independizarse de Inglaterra y escribieron la **Declaración de Independencia**. En ese documento, decían que querían formar una nueva nación en la que las personas tuvieran ciertos derechos. Entre esos derechos estaba el derecho a elegir cómo y dónde vivir. Querían libertad de culto y el poder de decidir quién estaría a cargo del gobierno. Este tipo de gobierno se llama **democracia**.

Al principio, la política migratoria alentaba a las personas a venir a Estados Unidos. Había razones para eso. El gobierno necesitaba muchas personas para construir el país. Por eso se pusieron pocas restricciones a la inmigración.

Los británicos se rinden y se da fin a la lucha por la independencia.

Unos funcionarios examinan a inmigrantes japoneses que llegaron en barco en 1931.

A medida que Estados Unidos se expandía, algunos empezaron a pedir al gobierno que restringiera la inmigración. Querían limitar la cantidad de personas que entraban al país. El gobierno cambió la política y puso trabas a la inmigración. Los inmigrantes debían saber leer y escribir. No debían ser muy pobres. No debían haber cometido delitos. Y no debían provenir de países **comunistas**.

La viñeta señala un reto que enfrentaban los inmigrantes: la prueba de alfabetización.

El gobierno de Estados Unidos tuvo que pensar cómo abordar el tema de la inmigración. Los inmigrantes son importantes para la vida y el crecimiento del país. Pero también es necesario fijar ciertas pautas. Se debe buscar un equilibrio que beneficie a las personas y al país. Para elaborar políticas y prácticas recomendadas, el gobierno fundó la Oficina de Inmigración en 1891. En 1906, se transformó en la Agencia de Inmigración. En 1933, se convirtió en el Servicio de Inmigración y Naturalización. Esta organización se encargaba de los procesos migratorios y el control de las fronteras del país. Fue la agencia de inmigración durante 70 años.

Hoy en día, los inmigrantes ingresan a Estados Unidos por distintos puntos.

Inmigrantes famosos

Los inmigrantes son parte de la cultura estadounidense. Pueden ser estrellas de *rock*, deportistas, grandes empresarios y mucho más. Entre los inmigrantes famosos está Albert Einstein, que huyó de la Alemania nazi. Dikembe Mutombo, un jugador de baloncesto que llegó al Salón de la Fama, nació en la República Democrática del Congo. Justin Bieber, una estrella de pop canadiense, se mudó a Estados Unidos para seguir con su carrera musical.

En 2003, el gobierno volvió a revisar su enfoque sobre el tema de la inmigración. Creó el Servicio de Ciudadanía e Inmigración de Estados Unidos (USCIS, por sus siglas en inglés). El USCIS se ocupa de muchas cuestiones. El gobierno encara las oportunidades y las dificultades de la inmigración a través de *políticas*. Una política tiene en cuenta muchas cosas. ¿Cuántas personas pueden entrar al país? ¿Dónde pueden vivir? ¿Qué hacen cuando llegan? ¿Hay lugar para todos los inmigrantes? Estas son solo algunas de las cuestiones que las políticas tratan de resolver.

Recientemente, la política migratoria ha vuelto a cambiar. A algunas empresas les cuesta encontrar trabajadores para ciertas tareas. Quieren contratar a inmigrantes que tengan las destrezas necesarias. Por ejemplo, en el campo se necesitaban trabajadores para la cosecha. El sector agrícola presionó para que se permitiera la entrada de inmigrantes que hicieran esa tarea. Otras empresas pidieron que vinieran más personas con determinadas destrezas tecnológicas.

Este cartel dice "Se buscan empleados".

inmigrantes en la ardua tarea de la cosecha

La política migratoria continuará cambiando siempre que haya inmigrantes que quieran venir a Estados Unidos. Dado que es una nación construida por inmigrantes, es probable que siempre haya que elaborar y modificar las políticas. Como ya ha ocurrido, las políticas del futuro deberán adaptarse a las necesidades del momento.

Primeros trabajos

Después de mudarse a Estados Unidos, algunos inmigrantes trabajan en sectores con gran carga de trabajo, como la construcción, la agricultura y las tareas de limpieza. Muchos taxistas también vienen de otros países.

23

Visas

Inmigrar a Estados Unidos es un proceso legal. Si una persona decide inmigrar, debe contar con cierta información sobre lo que tiene que hacer.

Si alguien de otro país quiere pasar unas vacaciones en Estados Unidos, el proceso es sencillo. En muchos casos, alcanza con mostrar el pasaporte. Si la visita es por trabajo o para estudiar en Estados Unidos, se necesita una visa. Hay visas de trabajo y estudio, entre otras. Esos tipos de visas se conocen como *visas de no inmigrante,* o *visas temporales.* Para solicitarlas hay que ir a la **Embajada** de Estados Unidos en el país de origen.

Los visitantes pueden quedarse como turistas por poco tiempo si no tienen visa. Quedarse por más de 90 días significa estar en el país de forma ilegal. Si alguien quiere vivir en Estados Unidos de forma permanente, debe solicitar una visa de inmigrante, también conocida como *visa permanente*. Este tipo de visa se suele llamar *Green Card*. Para solicitarla, hay que completar una solicitud y pagar una tarifa. Te pueden otorgar la *Green Card* si ya tienes familiares en Estados Unidos o si te han ofrecido un trabajo en el país.

Embajadas en casi todos lados

Estados Unidos tiene embajadas en más de 160 países del mundo. Hay más de 170 embajadas extranjeras en Estados Unidos, la mayoría en Washington D. C.

Fronteras y aduanas

Todos los países del mundo quieren decidir quiénes entran a su territorio y por cuánto tiempo. También quieren saber qué objetos traen los visitantes y cuáles se llevan. Cada país tiene sus propias reglas. Para entrar en Estados Unidos, hay que atravesar la frontera del país. Lo mismo para salir. Si no eres ciudadano estadounidense, necesitas un permiso especial.

Un oficial recibe a visitantes que llegan a Estados Unidos.

Cuando llegas a Estados Unidos en avión, también cruzas una frontera. Después de aterrizar, debes pasar por puestos donde los empleados revisan los pasaportes. Los sellan para indicar que los visitantes pueden entrar. En la **aduana**, los empleados revisan el equipaje para verificar que no haya objetos que puedan causar daño. Por ejemplo, algunas plantas de otros países podrían tener insectos que afecten los campos de Estados Unidos.

El gobierno de Estados Unidos quiere que las personas de otros lugares visiten el país. Cuando vienen, aportan a la economía. También contribuyen a la vida estadounidense. Pero el gobierno también quiere verificar que los visitantes cumplan con las reglas para ingresar al país.

Las fronteras de Estados Unidos

Estados Unidos continental limita con Canadá al norte, México y el golfo de México al sur, el océano Atlántico al este y el océano Pacífico al oeste.

Por el bien de todos

La mariposa monarca es un símbolo de la migración. Es hermosa y delicada. Se traslada porque tiene que hacerlo, debido a condiciones que no puede controlar y que ella no creó.

Lo mismo ocurre con muchos inmigrantes. Algunos abandonan su país de origen porque sienten que es lo que tienen que hacer. Otros buscan una vida mejor para ellos y su familia. Muchos inmigrantes simplemente quieren reunirse con sus seres queridos, o tal vez buscan un cambio o la aventura de empezar un nuevo trabajo en otro lugar.

A algunas personas no les gusta la política migratoria de Estados Unidos. En una democracia, tenemos el poder de cambiar las cosas cuando no nos gustan. Abraham Lincoln dijo que la nación es un "gobierno del pueblo, por el pueblo y para el pueblo". El pueblo se hace escuchar. Podemos ponernos en contacto con las autoridades elegidas. También podemos participar en marchas o en protestas para expresar nuestra opinión.

Estados Unidos ha cambiado de opinión sobre muchas cosas a lo largo del tiempo. Incluso ha cambiado su Constitución. Ha cambiado sus políticas en relación con distintos temas.

Muchos no aceptan la inmigración. Hay quienes piensan que Estados Unidos necesita leyes más estrictas. Otros creen que las leyes actuales son injustas y deben cambiarse. Si nos guiamos por la historia, el pueblo de Estados Unidos encontrará la manera de hacer lo que sea mejor para el país. Tal vez no sea la solución perfecta. Las personas con opiniones distintas deben ceder algo. Pero, tal como siempre lo ha hecho, Estados Unidos seguirá trabajando para elaborar mejores políticas por el bien de todos.

Glosario

aduana: un lugar en un paso fronterizo en el que los funcionarios revisan el equipaje y los objetos que ingresan al país

colonizaron: tomaron control de un área y enviaron a personas a vivir allí

comercio: las actividades relacionadas con la compra y la venta de bienes y servicios

comunistas: que apoyan un sistema en el que todos los bienes y las propiedades pertenecen al pueblo en su conjunto

Declaración de Independencia: un decreto de 1776 en el que los colonos norteamericanos anunciaron su separación de Gran Bretaña

democracia: una forma de gobierno en la que los ciudadanos eligen a sus autoridades a través del voto

embajada: el lugar donde un grupo de personas trabajan al mando de un embajador y representan a su país en un país extranjero; por lo general, allí se otorgan visas para visitar ese país

extranjeros: dicho de países: que no son el propio

inmigrantes: personas que llegan a un país que no es el propio para vivir allí de forma permanente

inmigrar: llegar a un país que no es el de origen para establecerse allí

pasaportes: documentos oficiales emitidos por los gobiernos, que muestran la identidad y la ciudadanía de las personas y les permiten viajar a otros países

persecución: hostilidad y maltrato hacia una persona, especialmente por su raza o su religión

reservas: terrenos en Estados Unidos que se separan para que allí vivan grupos de indígenas

turistas: personas que viajan temporalmente a otros lugares por placer

visas: documentos que permiten entrar a un país, permanecer en él o abandonarlo durante un período determinado

Índice

aduana, 26–27

Canadá, 16, 21, 27

colonizar, 16

colonos ingleses, 16

comercio, 10

comunistas, 19

Constitución, 29

Declaración de Independencia, 18

democracia, 18, 28

economía, 27

edad de hielo, 14

Embajada de Estados Unidos, 24

fronteras, 20, 26–27

golfo de México, 27

Green Card, 25

indígenas norteamericanos, 16

Lincoln, Abraham, 28

mariposas monarca, 7–9, 28

océano Atlántico, 27

océano Pacífico, 27

pasaportes, 4, 24, 27

San Agustín, 12

Servicio de Ciudadanía e Inmigración de Estados Unidos, 21

turistas, 10, 25

visas, 4, 24–25

Civismo en acción

Los inmigrantes recién llegados tienen muchas necesidades. Tal vez no hablan inglés con fluidez. No conocen bien el lugar adonde se mudaron. Necesitan casa, escuela, alimentos y las cosas básicas para vivir. Puedes ayudar a los inmigrantes recién llegados en la zona donde vives.

1. Haz una lluvia de ideas sobre las cosas que necesitan los inmigrantes y la información que puedes darles.

2. Investiga sobre esas cosas y reúnelas en un kit de bienvenida.

3. Haz un plan para distribuir los kits.

4. ¡Distribúyelos!